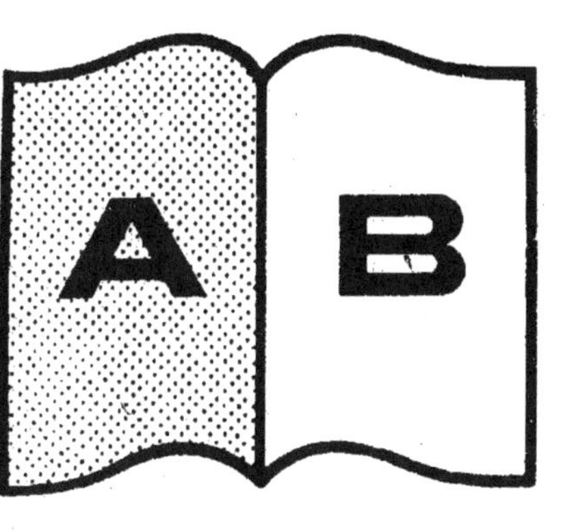

Contraste insuffisant

NF Z 43-120-14

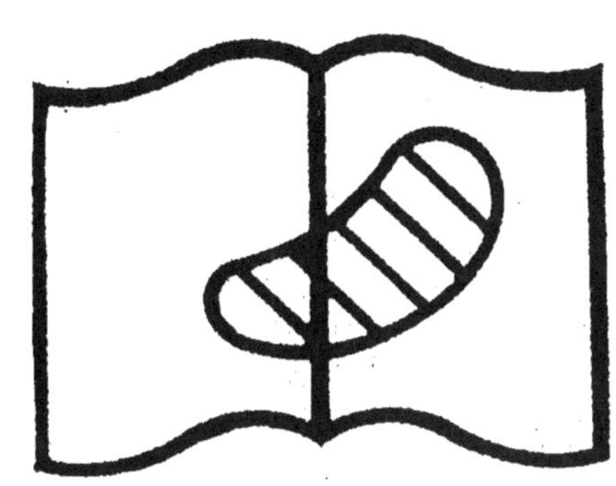

Illisibilité partielle

VALABLE POUR TOUT OU PARTIE DU
DOCUMENT REPRODUIT.

Couverture inférieure manquante

Original en couleur

NF Z 43-120-8

L'ERMITAGE ROYAL

DE

NOTRE-DAME DES ANGES

DE LA

FORÊT DE SAINT-SEVER

PAR M. HIPPOLYTE SAUVAGE

Officier d'Académie, avocat à la Cour d'appel

VIRE

A. GUÉRIN, éditeur, rue Chaussée et place Nationale

M DCCC LXXXIV

L'ERMITAGE ROYAL

DE

NOTRE-DAME DES ANGES

DE LA

FORÊT DE SAINT-SEVER

PAR M. HIPPOLYTE SAUVAGE

Officier d'Académie, Avocat à la Cour d'appel

VIRE

A. GUÉRIN, éditeur, rue Chaussée et place Nationale

—

M DCCC LXXXIV

L'ERMITAGE ROYAL

DE NOTRE-DAME DES ANGES

DE

LA FORÊT DE SAINT-SEVER

Aucun sanctuaire du Bocage n'est peut-être plus fréquenté que celui de Notre-Dame des Anges de l'Ermitage de la forêt de Saint-Sever. C'est l'un des pélerinages les plus mystérieux et les plus recueillis de cette contrée. Chaque année, il est suivi par les populations des paroisses voisines qui s'y pressent en foule, croix et bannières en tête, à travers les sentiers ombreux de la forêt.

Nous y avons fait comme tant d'autres enfants du pays plusieurs excursions, et nous nous sommes senti porté avec d'autant plus d'attrait vers Notre-Dame des Anges, que son site nous rappelait à nous y méprendre notre délicieux oratoire de Notre-Dame de Rancoudray, dans le Mortainais, dont nous avons décrit la légende et raconté l'histoire. Même position dans le pli d'une vallée solitaire, au centre d'une forêt immense. Mêmes

____

(1) Nous faisons bien volontiers profiter nos lecteurs d'une

pensées et mêmes hommages rendus à la Reine des
Cieux. En contemplant ainsi ces témoignages de la
piété de nos pères, nous avons reporté nos souvenirs
vers plusieurs autres temples qui lui ont été élevés
dans d'autres parties de notre chère Normandie, —
vers Notre-Dame de la Délivrande, vers Notre-Dame
de Grâce de Honfleur et vers Notre-Dame des Flots
de Sainte-Adresse, près le Havre. Nous les avons tous
visités, mais aucun de ces sanctuaires ne nous a im-
pressionné vivement comme la simplicité que respirent
ces pélerinages de Saint-Sever et de Rancoudray, au
milieu d'une nature calme et recueillie. Ils nous ont
révélé, d'une manière saisissante, l'existence paisible
de nos populations champêtres. Ils ont été pour nous
l'image idéale de notre vie si pleine d'amertumes, qui
nous portent à venir quelquefois implorer Notre-Dame
des Anges dans les asiles silencieux où il semble que

communication que notre correspondant *Virois* a eu l'obligeance
de nous transmettre.

« *La Chapelle du Reculey* (canton de Bény-Bocage).

« C'est en 1828 qu'a été bénite et ouverte aux fidèles cette chapelle due à la piété d'un homme de bien, le docteur Lecreps. Elle
est consacrée sous le vocable de *Notre-Dame du Rosaire* et de
Bon-Secours, et par une bulle du 27 août 1847, Pie IX lui a ac-
cordé six indulgences plénières. — Depuis la mort de son fondateur, elle a été agrandie. Sa situation sur un plateau, décoré, à
juste titre, du nom de Beaulieu, est ravissante. Assise sur le
bord même de la route de Caen à Vire — comme pour inviter
les fidèles à visiter le sanctuaire — la chapelle du Reculey se
trouve à la distance de 8 kilomètres environ de cette dernière
ville. Sur son frontispice se lit cette inscription : Notre-Dame du
Rosaire et de Bon-Secours, *Protectrice du Bocage*.

« Cette chapelle, désignée aujourd'hui encore dans le pays sous
le nom de *Chapelle de M. Lecreps*, est devenue un lieu de pélerinages pour toute la contrée. A certaines fêtes de l'année — aux
Rogations et pendant le mois de mai, les populations des commu-
nes et de la ville de Vire, y vont faire leur station — Un monu-
ment en granit, d'un style simple, érigé dans un bosquet qui en-
toure la chapelle, recouvre les restes mortels du docteur Lecreps.
— Il était né à Vire, le 7 juin 1789. »

l'on puisse s'entretenir avec le plus d'abandon, — seul
à seul, — avec la Mère des affligés.

Un autre sentiment, plus particulier peut-être, nous
a invité d'ailleurs à renouveler notre visite à l'Ermitage
de Saint-Sever, à l'automne de l'année 1869. M. Pinot,
alors maire de Fontenay-le-Husson, avait eu l'extrême
bienveillance de nous communiquer le manuscrit des
annales de cette ancienne maison des Camaldules (2).
Après en avoir lu attentivement les feuillets écrits par
l'un des religieux qui l'avaient habité, nous sommes
venu y rechercher nous-même le souvenir de ces bons
Pères, et nous avions hâte de relire les inscriptions,
qui, grâce à nos documents, n'étaient pas pour nous
des lettres mortes. Enfin, avant de rejoindre les rives
riantes de la Loire que nous habitions alors, il nous
était agréable de revoir l'antique abbaye de Saint-Sever
et surtout la Pierre-Coupée, dont l'origine celtique
reste toujours incertaine et discutée.

Qu'on nous permette donc de lever ici les notes que
nous prîmes dans cette excursion que nous pourrions
appeler à travers bois, puisque nous eûmes à parcourir
l'une des belles forêts de l'Etat.

Nous arrivâmes à un beau portail, veuf de ses pan-
neaux, et qui servait autrefois à défendre la clôture de
l'Ermitage. L'œil embrasse de là l'ensemble de l'ancien domaine des Camaldules, fermé de tous côtés par
des murs en pierres et par de fortes haies. Une avenue
conduisait directement aux logements des religieux et
à la chapelle. A gauche, un verger planté de pom-

(1) Ordre de religieux ainsi appelés du monastère fondé dans
le désert de Camaldoli (Toscane), par Saint-Romuald, en 1012.

miers; à droite, deux ou trois champs et de mauvais pâturages. Des maisons à la suite; et sur un même plan, divers bâtiments servant de dépendances pour une exploitation rurale; enfin derrière ces corps de constructions, des jardins potagers ainsi que de vastes prairies. Tel nous apparut l'Ermitage conquis et défriché tout entier aux dépens de la forêt et caché sous ses ombrages comme un nid d'oiseaux.

Avant d'entrer dans la chapelle, nous en lûmes une description faite en 1811 par un prêtre de Cherbourg qui l'avait visitée.

« L'église de l'Ermitage, dit-il, est petite, mais assez « bien ornée. Il y a une chapelle à droite. Le tableau « de l'Assomption, qui se voit au maître-autel, est « peut-être le tableau le plus beau de tout le Bocage. « La chapelle est presque pavée de pierres tombales « de granit, qui couvrent les restes des Ermites qui y « sont enterrés; elles portent toutes une épitaphe. Les « solitaires de ce lieu se plaçaient derrière le maître- « autel comme les capucins. Nous y vîmes le petit « chœur; les stalles avec de petits lutrins subsistent « encore, mais en très mauvais état. Ce chœur sert « maintenant de sacristie. Nous y vîmes un ancien « frère qui est dans cette maison depuis plus de cin- « quante ans.

« La Révolution l'en avait chassé; il y est retourné « pour y finir ses jours, suivant le vœu qu'il en avait « fait. Un prêtre de Cherbourg, nommé le frère Hamel, « y dit la messe. La situation de cet ermitage est fort « agréable et très propre au recueillement. La maison « est petite. On fait remonter l'origine de cette com- « munauté au VIe siècle. »

La position du petit monastère est toujours enchanteresse et propre à la méditation : les pierres tombales recouvrent encore leurs morts de leur dallage historié ; mais les stalles et les lutrins des disciples de saint Romuald n'existent plus. Le petit chœur, où les pieux Camaldules, vêtus de blanc, chantaient l'office, après avoir été longtemps une sacristie, a disparu pour laisser agrandir le chœur. Quant au reste de l'église, il a été tellement embelli et transformé, qu'on ne saurait le reconnaitre, pour peu qu'on ait été quelques années sans le voir.

En effet, à l'intérieur, les murailles, autrefois pauvres et nues, sont maintenant couvertes de fresques, et la voûte du chœur est un beau ciel azuré parsemé d'étoiles d'or. La Vierge, avec sa robe d'azur et son manteau rose parsemé de lys d'or, est aussi d'un fort bon effet. Les yeux lisent avec satisfaction ces belles lettres d'or qui surmontent l'autel privilégié pour les morts par un I. ef du 24 juillet 1860, ainsi que les légendes de deux cartouches placés à la même hauteur : *Mater divinæ gratiæ. — Regina sine labe concepta.* — Enfin, à gauche, l'inscription suivante forme tableau : — Privilège de l'Ermitage de Saint-Sever : — Indulgence plénière — les jours suivants : Ascension, Pentecôte, Conception, Nativité, — Visitation, Assomption... — Indulgence de 300 jours — chaque fois que l'on visite la chapelle.

Mais ce qui produit le plus d'impression, au point de vue de l'art dans la chapelle, c'est l'autel et le beau tableau de l'Assomption qui le décore en forme de contre-table. Le devant de l'autel est une magnifique en tuffeau blanc, représentant une adoration des bergers. Les onze personnages qui le composent sont parfaitement traités.

Le tabernacle est composé de colonnes torses dignes d'intérêt. De chaque côté sont aussi des grappes de raisins et deux délicieux médaillons peints à l'huile, représentant des bouquets de fleurs.

Quant au tableau de l'Assomption, il nous avait été tellement vanté que nous avons voulu lui prêter une attention toute spéciale. Il a eu, croyons-nous, des éloges un peu exagérés ; mais il a été aussi jugé par quelques autres avec une trop grande sévérité. Comme peinture, coloris et dessin, il est assurément fort beau et l'un des plus remarquables de tout le Bocage, pour ne point dire qu'il en est l'une des perles artistiques les plus précieuses. Il eût été bien à désirer que les peintres de la famille Viroise des Lavente, qui devaient l'avoir sous les yeux, eussent atteint la même perfection. Les défauts qu'on peut lui reprocher nous démontrent que c'est un original composé par un bon maître, et non point une copie. Voici du reste, comme en parle un amateur qui l'avait vu et examiné avant nous : « Quoique ce magnifique tableau soit d'une exécution heureuse, qu'il réunisse un coup d'œil charmant, cependant on ne peut s'empêcher de reconnaître que l'attitude de plusieurs des Apôtres n'est point naturelle, puisque loin d'être dans une espèce de ravissement à la vue de l'admirable Assomption de la Sainte-Vierge, au lieu d'avoir les yeux vers le Ciel, plusieurs paraissent occupés à garder le fond du sépulcre (sic) et que d'autres semblent s'entretenir de ce grand miracle. Je crois que tout homme qui serait témoin d'une telle merveille, serait moins capable de raisonnement que d'admiration ! »

Ce tableau est dû à un artiste italien. On raconte qu'étant venu visiter la Basse-Normandie, il s'égara dans la forêt de Saint-Sever. Après avoir longtemps erré dans les bois, il arriva, par hasard, à la porte de l'Ermitage où il demanda l'hospitalité. Il était déjà nuit, et le pauvre pélerin était exténué de fatigue. Mais il fut bien accueilli et si bien hébergé par ces bons religieux, qu'il en conserva toujours un vif souvenir. Rentré à Rome, il leur exprima sa reconnaissance en leur envoyant cette belle Assomption de la Sainte-Vierge qui était la patronne de leur couvent.

L'église a environ vingt-cinq mètres de longueur, sur sept mètres de largeur. Vers le milieu de sa nef, à droite, est une petite chapelle, dédiée à saint Hubert et à sainte Geneviève. On y accède par une arcade ogivale que semblent défendre deux statuettes de Camaldules peintes en blanc. Sur la clef de sa voûte, est fixée dans le sol du pavé une pierre, formant un écusson entouré de lacs avec le monogramme du nom de Marie. Le devant d'autel est formé d'une gracieuse peinture représentant, dans un médaillon la sainte Vierge entre deux anges. La contre-table est un tableau sculpté sur pierre peinte en or. Il produit peu d'effet, quoique traité avec goût. C'est une résurrection. Notre-Seigneur s'élève dans les Cieux tandis qu'un ange est assis sur le tombeau, dont le couvercle est descellé. A droite, quatre soldats profondément endormis semblent se réveiller ; à gauche, la sainte Vierge et deux saintes femmes. Des deux côtés de l'autel sont les statues de saint Hubert et de sainte Geneviève.

Des vitraux peints complètent l'ensemble décoratif de ce temple. Ce sont, à chaque fenêtre, des médaillons encastrés dans des grisailles imitées du XIII° siècle. Les sujets sont, à partir du bas de la nef à gauche en entrant : 1° la Présentation au Temple avec l'inscription : *gradus templi ascendit* ; 2° l'Annonciation, *ecce ancilla domini* ; 3° la visite à sainte Elisabeth, *unde hoc mihi*. — A droite, en descendant ; 4° le Couronnement de la sainte Vierge ; 5° l'Assomption de la Mère de Dieu, *sine labe concepta*. — Dans la chapelle saint Hubert ; 6° l'Apparition à saint Hubert d'un cerf portant la croix, *sanctus Hubertus*. Ce vitrail a été donné par M. Prosper Hubin. de Rouen, *anno domini MDCCCLX* ; — 7° sainte Geneviève sur les remparts de Paris, entourée de nombreux soldats, *sancta Genovefa*. Ce vitrail a été donné la même année, par Mme Hubin ; 8° au-dessus de la porte d'entrée ; dans une rosace, la Reine des Anges, *Regina Angelorum, ora pro nobis.*

Vingt stalles en bois, fort simples, entourent le chœur et la cloche qui invite les fidèles à la prière porte l'inscription *Notre-Dame de l'Ermitage. M. Leroux vicaire de la paroisse, 1846.* C'est à plusieurs des vicaires de Saint-Sever que l'église de l'Ermitage est redevable de ses restaurations successives. Il est d'usage, depuis longtemps, qu'ils viennent y dire la messe le mercredi de chaque semaine.

La date de 1776, placée extérieurement à la porte de l'église, est celle d'une reconstruction presque entière de l'édifice.

Mais ce qu'il offre de plus curieux pour l'archéo-
logue et pour l'historien, ce sont les vingt-quatre pierres tombales du chœur et de la nef. Toutes ont des
inscriptions fort bien conservées. Elles forment le
pavage de l'église, et à elles seules elles redisent les
annales intimes de ce sanctuaire vénéré.

Nous les avons transcrites en commençant à gauche,
au pied des marches de l'autel. Plusieurs forment
légende en un cercle autour de la pierre ; d'autres se
lisent par lignes, sur la surface du granit. Nous les
transcrivons couramment :

1. Cy gist le corps de frère Romuald auvergnat
ermite décédé le 10 octobre 1703. — 2. Cy gist F. Pa-
chosme Le Gaisneur, prêtre, ermite de lieu, décédé
l'an 1694. — 3. Cy gist le F. Jean-Baptiste Auvray,
prêtre ermite de ce lieu décédé l'an 1671. — 4. Cy
gist le corps de Guillaume Lemmer, prêtre v.-n.
Dour, qui décéda le 2 de mars 1637. — 5. Cy gist le
F. Guillaume Tiret, ermite de ce lieu, décédé l'an
1670. — 6. Cy gist le F. Jean Aumont, ermite de ce
lieu, décédé l'an 1678. — 7. Cy gist F. Augustin Le
Mesnager de Montgotier, supérieur et restaurateur,
enterré dans le cimetière de ce lieu le 12 novembre
1781. — 8. Cy gist F. Macaire Le Nourrissel, ermite
de ce lieu, décédé le 17 avril 1714. — 9. Cy gist le
F. Jacques Le Saux de Falaise, ermite de ce lieu,
décédé le 5 juillet 1716. — 10. Cy gist le corps de F.
Guillaume Auvray, prêtre d'Avranches ermite et répa-
rateur de ce lieu, décédé le 15 novembre 1703. —
11. Cy gist le F. Bruno le Fournier, prêtre, supérieur
de cet ermitage, décédé le 8 septembre 1709. — 12.
Cy gist le F. Jean-Baptiste Piton de Fligny, d'Avran-

ches, religienx prêtre et supérieur de cet Ermitage, décédé le 14 janvier 1706. — 13. Cy gist F. Zozime Le Coq, de Viré, religieux prêtre de ce lieu, décédé le 30 décembre 1749. — 14. Cy gist F. Gilles Poulain, de Bressé, ermite de ce lieu, décédé le 23 septembre 1748. — 15. M. Nicolas Ruelle, prêtre de Saint-Manvieu, décédé dans cette maison le 19 septembre 1720. — 16. Cy gist le F. Romuald Chancé, de Viré, ermite de ce lieu, décédé le 25 novembre 1724. — 17. Cy gist F. Paul Enjourbeaux, de Ducé, ermite, décédé le 20 décembre 1749. — Nef : 18. Cy gist F. Hilarion Hulin, d'Avranches, ermite de ce lieu, décédé le 20 novembre 1751. — 19. Cy gist le F. Arsène Depreaux, de Saint-Denis de Montjoie, ermite de ce lieu, décédé le 23 novembre 1762. — 20. Cy gist F. Paul Lambert, du Mesnilard, ermite de ce lieu, décédé le 9 août 1763. — 21. Cy gist le F. Dorothée Durand, de Roullours, ermite supérieur et bienfaiteur de la maison, décédé le 17 avril 1768. — 22. Cy gist le F. Antoine de Saint-Gilles de Saint-Laurent de Cuvés, ermite do lieu et ancien supérieur, décédé le 20 décembre 1762. — 23. Cy gist le F. Hilarion Laurence, de la Haye Contesse, ermite, enterré dans le cimetière de ce lieu le 8 février 1781, n° 1. — 24. Enfin sur un écusson : Cy gist le corps du père Séraphin, prêtre, décédé en 1635.

Nous retrouverons tous ces noms dans le cours de l'histoire manuscrite de l'Ermitage que nous avons pu consulter avec l'autorisation gracieuse de son possesseur.

De l'église, passons maintenant au-dehors et visitons les bâtiments claustraux.

Dans le petit cimetière, remarquons un calvaire avec la date 1780, et, sur le mur qui fait face à l'entrée du temple, dégarnissons de la mousse qui la couvre la base d'une autre croix beaucoup plus ancienne. Elle nous montre une inscription tronquée et incomplète que nous avons ainsi lue : Par F. Benoist. — nous avons été édifiée. — Heureux sera celui qui m'honorera. — 1612.

Les maisons habitées autrefois par les moines, converties actuellement en hôtellerie et en ferme rurale, sont peu reconnaissables. Elles touchent à l'église, à laquelle elles communiquaient par la salle du chapitre, de telle sorte que les Camadules entraient au chœur sans sortir dehors. Au rez-de-chaussée étaient, à la suite les uns des autres, la cuisine avec sa vaste cheminée, le réfectoire, la salle d'études et le chapitre.

Deux escaliers accédaient au premier étage, le long duquel régnait un corridor au couchant. Ce corridor donnait accès aux diverses cellules, dont les cloisons restent indiquées par les rainures des soliveaux. Toutes étaient orientées au levant, du côté des jardins. Les chambres destinées aux hôtes avaient chacune une cheminée et l'un des escaliers pour leur service spécial.

Nous ne pensons pas qu'il fut possible de loger à l'aise plus d'une douzaine de personnes dans ces diverses pièces. Quant au reste des logements, il servait à l'exploitation rurale de la maison. Un bâtiment indépendant et isolé, à l'extrémité des jardins, au nord, nous fut montré comme ayant servi aux ateliers de tisserands qui furent installés dans l'Ermitage, peu d'années avant la dispersion des religieux.

Notre examen des lieux étant terminé, voyons ce qu'a été ce petit monastère aux différents siècles qu'il a parcourus.

Une tradition en fait remonter l'origine au VI siècle, au temps de Saint-Sever, évêque d'Avranches, qui dut évangéliser la contrée et laisser des traces de son passage dans cet oratoire de la forêt, ainsi qu'au lieu où il fonda une abbaye célèbre, au bourg même de Saint-Sever. Ces deux fondations subsistèrent peu longtemps.

Au XI° siècle les comtes d'Avranches et de Chester ayant relevé les ruines de cette même abbaye et fondé un riche monastère de Bénédictins, encouragèrent encore, dit-on, la restauration de l'Ermitage. Son fondateur, assure la légende, fut un militaire qui se retira dans ce lieu isolé avec deux compagnons. Ils y vécurent dans de petites cellules qu'ils avaient bâties auprès d'une source abondante qui jaillit dans le pré, au levant de l'Ermitage, et qu'on nomme toujours la fontaine des Trois-Ermites.

Ce qui permet d'ajouter un certain crédit à cette tradition, c'est que le livre blanc de l'évêché de Coutances fait mention d'une chapelle nommée la chapelle de l'Ermitage du Gast : « *in dictâ paro-« chia de Gasto est quædam capella quæ di-« citur capella hermitagii, etc.* » La proximité de la paroisse du Gast autorise à admettre que l'on désignât ainsi aux XII° et XIII° siècles l'Ermitage de la forêt de Saint-Sever. Mais les documents nous font absolument défaut, bien que les lettres patentes du 22 août 1703 puissent atténuer assez l'incertitude de l'origine de notre petit monastère. On y lit, sous la garantie de la

signature du roi Louis XIV. — qui après tout en vaut
bien une autre — la preuve suivante de la haute anti-
quité de cette maison : « Nos bien amez les frères er-
« mites de Notre-Dame des Anges de notre forêt de
« Saint-Sever nous ayant exposé par requête que les
« Rois, nos prédécesseurs, avaient fondé cet Ermitage
« de temps immémorial... »

Ainsi, quoique nous n'ayons aucun acte antérieur au
8 avril 1664, il n'est pas douteux qu'il ne fût de beaucoup plus ancien. Créé, certainement, au XI° et au
XII° siècles, les révolutions en dispersèrent les pierres. Bien d'autres sanctuaires religieux eurent le
même sort, notamment pendant les guerres de reli.
gion du XVI° siècle. Mais presque tous eurent plus
tard le privilège de voir des réédifications s'opérer
sous de pieuses inspirations et Notre-Dame des Anges
dut ainsi attirer encore à elle des pélérinages dans la
forêt de Saint-Sever, au commencement du XVII° siècle, xers 1620, sous le règne de Louis XIII.

A cette époque, quelques solitaires vinrent s'établir
dans la partie de la forêt royale où avait subsisté l'ancien ermitage. Ignorés d'abord, puis tolérés par les in-
tendants domaniaux, ils obtinrent de Louis XIV, au
mois de mars 1664, une autorisation régulière de res-
taurer leur monastère dont les anciens titres de fonda-
tion étaient anéantis. Le roi leur concéda en même
temps six arpents de terre à prendre dans la forêt, à la
condition de les enclore, pour se garantir des bêtes
fauves. La seule sujétion qu'il leur imposa fut une
messe dite à perpétuité, chaque année, le jour saint
Louis, pour la conservation de l'Etat.

Ces lettres patentes royales nous attestent que dès ce temps, l'Ermitage de Notre-Dame des Anges était l'un des plus considérables du royaume et que son pélerinage y attirait un grand concours de peuples des contrées voisines. Revêtues du grand sceau du royaume, en lacs de soie rouge et verte, elles furent enregistrées à la chancellerie de Paris, le 8 avril 1664, puis à la cour des comptes de Normandie le 26 du même mois, au Parlement de Rouen le 23 mai et à la table de marbre le 26. De ce jour, le Petit-Moutier prit le nom d'Ermitage royal de Notre-Dame des Anges. C'était, en termes formels, une restauration complète de l'Ermitage. Il fut, à partir de ce moment, entretenu aux frais du trésor royal et les religieux, sous la sauvegarde des souverains, suivirent paisiblement désormais la règle de Saint-Benoist, comme leurs frères qui habitaient le désert de Camaldoli, en Toscane.

Quelques querelles, suscitées plus tard aux religieux qui l'habitaient, par l'abbé et par les religieux de Saint-Sever ne servirent qu'à mieux faire valoir leur crédit auprès de leur royal protecteur. Louis XIV ayant connu la situation précaire des ermites voulut, le 22 août 1703 doubler l'étendue de leur domaine, en leur accordant une concession nouvelle de six autres arpents de forêts en broussailles et sans nul produit, mais attenant à leur domaine. Les Camaldules possédèrent ainsi environ neuf acres de terre qu'ils s'employèrent à défricher de leurs mains et à rendre fertiles. C'est l'étendue que comporte encore la ferme de l'Ermitage de Saint-Sever. Nulle part nous ne voyons qu'ils aient réussi dans une dernière supplique qu'ils firent présenter à Louis XVI, le 2 novembre 1782, par l'entremise de Chalmé, libraire à Vire. Leur demande portait sur dix-neuf acres en bois, bouléaux, broussailles, pierres et eaux bourbeuses. Le retour à sa source de la pièce originale, revêtue des signatures autographes, nous fait croire que la pétition fut renvoyée après rejet ; on la retrouve à Vire, où elle nous a été communiquée de la manière la plus aimable et la plus affectueuse.

La communauté qui n'avait ainsi qu'un revenu excessivement minime, nous parait avoir toujours mis en pratique ses vœux de pauvreté. Lorsqne des personnes généreuses lui firent l'aumône de quelques largesses, le produit en fut immédiatement employé en réparations ou en restaurations, soit à l'église, soit aux bâtiments du petit monastère. C'est dans de telles conditions que l'Ermitage de Notre-Dame des Anges de Saint-Sever alla fonder une colonie à Bricquebec, en 1711, sur les instances et grâce à la bienfaisance de Charles-Auguste de Matignon, comte de Gacé, maréchal de France.

L'institut de Saint-Sever était du reste tellement pauvre qu'il se vit presque complètement ruiné, lorsque l'évêque de Coutances, pour lui créer des ressources, grâce à l'industrie du tissage des bas mécaniques, eut la malencontreuse idée d'envoyer l'un des religieux au Mont-Valérien, près Paris, pour y faire un apprentissage de ce métier. Après un essai infructueux, il fallut tout abandonner au bout de cinq ans.

L'église venait d'être parfaitement réédifiée et la maison était dans un état aussi prospère que possible lorsque la Révolution éclata et chassa les Camaldules de leur cher asile. Ils s'y trouvaient alors au nombre de sept (1). Aucun d'eux ne quitta le pays et la plupart, croyons-nous, se retirèrent dans leurs familles, sans être inquiétés par les révolutionnaires. Une note qui nous a été communiquée et qui provient de Chalmé, libraire à Vire, nous apprend que tous prêtèrent le serment aux constitutions de la République : quelques-uns se rétractèrent.

Quant à l'Ermitage et à ses dépendances, vendus nationalement le 3 octobre 1791, ils furent adjugés pour la somme de 19,500 francs à Jean Heslouin, originaire de Fontenay et domicilié à Saint-Sever. Celui-ci, le 9 mars 1792, subrogea Nicolas et Michel Mette frères, de la paroisse de Courson, dans les deux tiers de son acquisition, d'après acte passé devant James et Morice, notaires à Vire. Les frères Mette rétrocédèrent bientôt leur marché, le 4 mai 1793, à Richard-Jean-François Foucher, notaire à Clinchamps, demeurant en la paroisse du Gast, par devant Gilles Loisel, notaire à Saint-Sever.

Les meubles des religieux durent être également vendus. Nous savons qu'entres autres, ils avaient quatre vaches, deux chevaux et un poulain.

Les chroniques inédites de l'Ermitage de Notre-Dame des Anges indiquent que seize supérieurs ont dirigé ce petit monastère. M. Anatole Guérin, dans l'Annuaire Virois, année 1868, en porte le nombre au même chiffre, mais il ne donne point leurs noms. Dans

---

(1) C'étaient Fr. Paul, supérieur, mort en 1826 ; Fr. Antoine, sous-prieur ; Fr. Jean-Baptiste, mort en 1799, à Saint-Sever ; Fr. Arsène, mort à Paris, vers 1820 ; Fr. Augustin, prêtre, retiré à Paris ; Fr. Hilarion, maître des novices, mort en 1823 ; Fr. Félix, secrétaire, mort en 1817.

cette liste, il ne comprend pas le frère Archange de Hatteville, que l'auteur de notre manuscrit ne veut pas non plus admettre à ce rang. Pour nous, nous insistons peu sur ce point. Nous dressons la nomenclature de ces supérieurs et la donnons (1). Nous pourrions établir de même celle des religieux qui ont vécu dans cet asile, mais nous préférons prier nos lecteurs de se reporter à notre copie des chroniques de l'Ermitage déposée aux archives de la Société d'Emulation de Vire.

Lorsque le Concordat eut rendu la paix à l'Église de France, la fabrique de la paroisse de Saint-Sever devint propriétaire de l'Ermitage. Les pèlerinages reprirent leur cours comme autrefois et la chapelle fut plus que jamais le but de fréquentes visites.

D'après les constitutions de l'Ermitage de Saint-Sever, les évêques de Coutances en étaient les supérieurs majeurs et immédiats. Nous n'avons trouvé nulle part que jamais une seule fois ils soient venus visiter cette maison. Dans toutes les affaires qui la concernaient, ils prirent toujours le soin d'y déléguer leurs mandataires entre lesquels nous avons remarqué parfois leurs vicaires généraux, les abbés de l'abbaye de Saint-Sever et plusieurs prêtres et doyens distingués du voisinage. Nous en donnerons la liste, aux pièces justificatives, afin de rendre un dernier hommage à ces délégués de l'autorité épiscopale, et de remettre en lumière les noms de ces hommes qui furent l'honneur de l'ancien clergé virois. (2).

(1) Voir nos pièces justificatives.

(2) La liste des « Supérieurs de l'Ermitage de la forêt de Saint-Sever », qui nous paraît essentielle aussi, figurera également aux pièces supplémentaires.

A u début, les ermites n'avaient point eu de règle
spéciale. Ils observaient celle de Saint Benoît que
leurs confrères du couvent de Calmadoli avaient arrêtée.
En 1691, dans une assemblée tenue le 25 mars, ils en
adoptèrent une qu'ils présentèrent à Mgr de Loménie
de Brienne, évêque de Coutances. Elle fut imprimée
et suivie exclusivement jusqu'au 26 mai 1709, jour de
la Trinité. Lorsque des ateliers de tissage furent installés, avec des ouvriers, dans le monastère, il fallut
procéder à la rédaction d'un nouveau réglement que
Jean-Baptiste-Léonor Dufresne, curé de Saint-Aubin-
des-Bois, soumit à l'approbation de l'évêque le 3 août
1768. Enfin, un supplément composé de six articles,
fut adopté le 4 mai 1775.

La prière et la vie contemplative étaient le but
essentiel de l'existence des religieux de Notre-Dame
des Anges. Ils se livraient cependant aux travaux
manuels pour cultiver par eux-mêmes leur modeste
héritage et subsister des produits de leur industrie
agricole et rurale. Durant près de deux siècles que
cette maison a existé dans ces conditions il ne s'y est
donc rien passé de bien caractérisé. Cependant l'esprit
d'insubordination s'y glissa vers 1764, avec un ancien
supérieur, le père Bruno, qui venait de cesser ses
fonctions depuis deux ans. Il avait quelques adhérents
parmi les moines, et ceux-ci refusèrent de se soumettre
à l'autorité du supérieur local, le frère Dorothée.
L'évêque dut prendre des mesures énergiques et faire
procéder à une information scrupuleuse. Il envoya
ses pouvoirs spéciaux, pour une visite régulière, au
doyen de Montbray, Jean-Baptiste Dufresne. Les ins-
tructions qui lui furent données étaient sévères, et

comme le lui disait le grand vicaire de Coutances, en
les lui transmettant, « pour guérir une plaie, il est
quelquefois nécessaire d'y appliquer le fer et le feu. »
L'obéissance, le silence, l'abstinence, la clôture et le
travail n'étaient plus observés à l'Ermitage. Plusieurs
des frères agissaient à leur libre arbitre et selon leur
propre volonté : il se livraient même exclusivement au
jeu. Le désordre était complet ; la révolte et l'indis-
cipline à leur comble. Les mécontents avaient été
jusqu'à déplacer le maître-autel de la chapelle, mal-
gré la volonté du supérieur.

Après enquête, le frère Bruno et l'un des religieux,
le frère Bernard, quittèrent Saint-Sever, sur l'ordre
de l'évêque Jacques Le Febvre Du Quesnoy, qui les
dégagea sans doute de leurs vœux. Nous aurions aimé
à faire connaître ces ermites quelque peu turbulents,
mais nos documents nous laissent dans l'incertitude,
sans doute par discrétion. Plusieurs frères du nom de
Bruno ont habité l'ermitage, et justement à propos
de cette circonstance particulière, nous acquérons la
preuve que le registre des professions que nous avons
eu sous les yeux n'est pas absolument complet. Nous
apprenons seulement que le F. Bruno portait dans le
monde le nom de Jean-Baptiste Roussillard, mais nous
ne savons rien de plus. Après tout, nous n'attachons
pas une grande importance à approfondir ces détails.
Pour notre compte, nous tenons peu surtout à savoir
qui il était et d'où il venait. Cependant dès que nous
avons à l'inscrire sur les listes des supérieurs de 1759
à 1762, nous ne saurions, comme l'a fait notre manuscrit, le passer sous silence.

Lorsque tout fut rentré dans le calme, après le départ

de ces têtes indisciplinées, la paix régna au monastère qui, vingt ans plus tard, se trouva en grande liesse à l'occasion des reliques insignes de saint Etienne et du Bienheureux Laurent de Brainde, qui lui furent données par le R. P. Mathias d'Elbeuf, prêtre, capucin et prédicateur. En reconnaissance de ce bienfait, et pour lui en exprimer leur gratitude, les religieux décidèrent le 14 août 1785, qu'à perpétuité ils diraient à son intention, chaque année, le *Salve regina*, avec verset et oraison, le 7 juillet et le 3 août, jours des fêtes de ces deux saints.

Nous avons puisé la plupart des éléments de cette notice dans le manuscrit des Annales de l'Ermitage (1) qui est conservé avec soin. En dehors de ces pages, nous n'avons à peu près rien rencontré ; nous le regrettons, car cela nous eût permis d'être pluscomplet.

Quant à ce manuscrit, il était oublié au milieu d'une quarantaine de volumes qui composent les derniers éléments de la bibliothèque dépareillée des Camaldules de Saint-Sever. La plupart sont des livres d'heures, des missels, des rituels, des bréviaires, des ouvrages incomplets de l'Histoire Sainte ou d'anecdotes pieuses. Un seul autre a attiré notre attention : c'est une copie manuscrite de la traduction de l'Imitation de Jésus-Christ, écrite croyons-nous, par le F. Dorothée, supérieur.

Pour les annales, c'est un petit in-folio, couvert en parchemin jauni, dans lequel nous remarquons tout

---

(1) Nous en avons fait une copie bien complète et nous l'avons offerte à la Société d'Émulation de Vire vers la fin de l'année 1869. M. l'abbé Do, de Caen, auquel l'original avait été également communiqué, en a transcrit de longs fragments qui ont dû être mis à profit par M. Anatole Guérin en 1868.

d'abord des écritures nombreuses par leur diversité, les autographes de presque tous les religieux de Notre-Dame des Anges et plusieurs signatures et sceaux des évêques de Coutances. L'un de ces cachets est même empreint sur de la cire noire, en signe du deuil récent de la reine Marie Leczinska, morte le 24 juin 1768.

C'était le registre intérieur destiné à l'enregistrement de tous les événements de la maison.

Commencé en l'année 1713, ainsi que le dit celui qui en écrivit les premières lignes, il a servi sans discontinuation jusqu'au 1er juin 1789. Il renferme 295 feuillets écrits, et se compose de trois parties bien distinctes.

La première, la seule qui nous occupe est l'histoire anonyme de l'Ermitage. Elle se compose de 45 pages seulement. A notre véritable regret, elle ne dépasse pas l'année 1713 et elle doit être attribuée, sans contestation aucune, à François Piton de Fligny, en religion F. Jean-Baptiste. Les preuves de notre conviction sont faciles à grouper.

D'abord, il dit quelque part dans le corps de sa composition : « Il ne reste plus que quatre hermites « dans la maison, en l'année 1713 que nous écrivons « ceci. » Or les quatre religieux qui pouvaient être les auteurs du manuscrit sont les FF. Dorothée Lanquetot, Machaire Le Nourrissel, Hilarion Huslin et Jean-Baptiste Piton, morts en 1716, 1714, 1751 et 1716. Si c'était Huslin qui l'eût faite, notre histoire dépasserait les limites qu'elle a. Elle s'étendrait jusqu'à 1750 et justement le récit des chroniques de l'Ermitage est suspendu depuis l'année 1713 jusqu'en 1749 : nous ne pouvons donc pas l'attribuer à ce personnage.

Comme parmi les trois autres, le F. Lanquetot quitta Saint-Sever en 1711, pour aller à Briquebec où il mourut, nous sommes encore autorisés à écarter son nom. Restent donc Le Nourrissel et Piton. Entre les deux nous ne saurions hésiter, à raison de la modestie que l'auteur emploie quand il parle de lui-même, de l'infériorité de talent qui devait exister entre le supérieur Bruno et un simple religieux, et surtout particulièrement à cause de la qualité de Piton, comme neveu du père Guillaume Auvray, la gloire des ermites de Notre-Dame des Anges. D'ailleurs les faits très circonstanciés dans lesquels il entre pour faire connaitre les vies de Jean-Baptiste Auvray et de Guillaume Auvray, ses grand-oncle et oncle, ne laissent pas que de laisser apercevoir avec quelle complaisance intime il a parlé des membres de sa propre famille, dont « *il s'efforce de suivre les traces.* » Sous l'austérité du froc religieux bat toujours le cœur fier des nobles exemples qu'ont laissé les siens dans une maison dont il est actuellement le chef. Il laisse donc échapper un aveu, un seul et nous le saisissons au passage pour lui crier : « Vous vous êtes révélé vous-même ! »

Nos preuves sont complètes : nous le pensons. Après cela nous voudrions dire ce qu'était François Piton de Fligny, mais son humilité dérobe son existence à nos investigations. Sa pierre sépulcrale est dans la chapelle. Elle ne nous révèle rien, et c'est le cas de dire que rien n'est en général discret comme une tombe et muet comme une épitaphe. Nos renseignements se bornent donc à savoir que François Piton de Fligny naquit à Avranches, et qu'il prit en religion le nom de F. Jean-Baptiste. Reçu à la profession religieuse, le

29 mai 1695, par M. Douet, grand vicaire de Mgr
Charles-François de Loménie de Brienne, évêque de
Coutances, il succéda comme supérieur local de l'Ermitage au Père Bruno, mort le 8 septembre 1709. Il
mourut lui-même dans l'exercice de cette fonction, le
14 janvier 1716, et fut enterré le lendemain.

La composition du F. Jean-Baptiste n'est suivie que
de quelques pages de simples notes, dont quelques-
unes furent rédigées par Chalmé, libraire à Vire, vers
1780.

La deuxième partie du manuscrit s'étend de la page
161 à la page 240. Elle a pour titre « Prises d'habit et
professions des religieux hermites de l'Hermitage de
Notre-Dame des Anges ». Un certain nombre des
feuillets est encore de la main de François Piton.

La dernière est intitulée « Fondations. »

Nous avons cru pouvoir résumer ces deux derniers
chapitres par la liste que nous avons faite nous-même
des supérieurs de l'Ermitage.

Enfin en terminant, nous faisons les vœux les plus
sincères pour que le pèlerinage de Notre-Dame des
Anges suive une progression toujours croissante de
visiteurs et pour que ce sanctuaire de la Reine des
Cieux, déjà célébré dans des feuillets, qui lui furent
consacrés au siècle dernier, par une main dès longtemps desséchée par la mort, et que nous avons trans-
crits avec une indicible émotion, reçoive ici l'expres-
sion de nos plus profonds et de nos plus affectueux
hommages.

HIPPOLYTE SAUVAGE.

PIÈCES JUSTIFICATIVES.

Délégués de l'autorité épiscopale

1722. Jean-Baptiste de Lempcrière, curé de Clin-champs ;

1725. Pierre Vautier, curé de Mcsnil-Herman, promoteur général du diocèse de Coutances ;

1728. De la Fauvelière docteur en théologie, curé de Saint-Martin-de-Talvendes et doyen du Val de Vire ;

1731, 1734, 1737, 1740, 1743, 1746, 1752. Urbain-François Monlien, curé de Saint-Martin-de-Talvendes et doyen du Val de Vire ;

1764, 1765, 1768, 1771, 1772, 1774, 1777. Jean-Baptiste-Léonore-André du Fresne, écuyer, curé de Saint-Aubin-des-Bois et doyen du doyenné de Montbray ;

1749, 1759. Jacques-Robert-Nicolas d'Anneville de Chifrevast, docteur de Sorbonne, chanoine de la cathédrale de Coutances, abbé commandataire de l'abbaye de Saint-Sever et vicaire général du diocèse ;

1755, 1762. Jean-Jacques Lanon, curé de Clin-champs, doyen du Val de Vire.

1780, 1781, 1782, 1783, 1785, 1786, 1789. Jean-Baptiste Duchenay, curé de Morigny.

SUPÉRIEURS DE L'ERMITAGE DE LA FORÊT
DE SAINT-SEVER

1. François-Jean-Baptiste Auvray, d'Avranches, supérieur vers 1752, mort en 1771.

2. Guillaume Auvray, d'Avranches, supérieur en 1671, mort en 1703.

3. Nicolas Le Fournier de Bonneville, de Picauville (*fr. Bruno*), sup. en 1703, mort en 1709.

4. François Piton de Fligny (*fr. Jean-Baptiste*), sup. en 1709, mort en 1716.

5. Michel Huslin, du Neubourg (*fr. Hilarion*), sup. de 1716 à 1722.

6. Philippe de Saint-Gilles, écuyer, de Saint-Laurent-de-Cuves (*fr. Antoine*), élu supérieur 7 fois de 1722 à 1725 puis de 1728 à 1734, et de 1740 à 1755.

7. Siméon Le Crosnier, du Rocher près Mortain, (*fr. Bruno*), sup. de 1725 à 1728.

8. Gilles Le Coq, de la Martinière de Vire (*fr. Zozime*) sup. de 1734 à 1740 et de 1746 à 1749.

9. Guillaume Despreaux, de Saint-Martin-de-Montjoie (*fr. Arsène*), sup. de 1755 à 1759.

10. Jean-Baptiste Roussillard (*fr. Bruno*), sup. de 1759 à 1762.

11. Robert Durand, de Roullours (*fr. Dorathée*), supérieur et bienfaiteur, de 1762 à 1768.

12. Jacques-Nicolas Lelandays, de Saint-Nicolas de Granville (*fr. Jean-Baptiste*), sup. intérimaire en 1768.

13. Michel Le Ménager, de Montgothier (*fr. Augustin*), sup. et restaurateur de l'ermitage, supérieur de 1768 à 1781.

14. JeanBaptiste Levacher, de Maisons (*fr. Antoine*), sup. de 1781 à 1785.

15. Louis-Jacques Fouché, de Cuves (*fr. Dorathée*), sup. en 1785.

16. Pierre-Charles Hamel, de Cherbourg (*fr. Paul*), dernier supérieur de 1786 à 1790. Il est mort à Champ-du-Boult en 1726.

www.ingramcontent.com/pod-product-compliance
Lightning Source LLC
LaVergne TN
LVHW051124060726
842526LV00006B/1891